现场职工
培训方式指导手册

编 委 会 编

中 国 铁 道 出 版 社

2014年·北 京

内容简介

本手册编者在深入现场调研、总结的基础上编写了本书。本手册共介绍了集中式培训、自学式培训等25种培训方式，旨在为有学习能力的一线职工自学时提供帮助，也希望能为更多的一线专（兼）职教师开展教学服务。

图书在版编目（CIP）数据

现场职工培训方式指导手册/《现场职工培训方式指导手册》编委会编．—北京：中国铁道出版社，2012.5（2014.11重印）
ISBN 978-7-113-14425-8

Ⅰ．①现…　Ⅱ．①现…　Ⅲ．①职工培训-手册　Ⅳ．①U410-62

中国版本图书馆CIP数据核字（2012）第083054号

书　　名：现场职工培训方式指导手册
作　　者：编委会　编

策　　划：程东海
责任编辑：朱敏洁　　**编辑部电话：**010-51873134
电子信箱：zhuminjie_0@163.com
责任校对：孙　玫
责任印制：陆　宁

出版发行：中国铁道出版社
（100054，北京市西城区右安门西街8号）
网　　址：http://www.tdpress.com
印　　刷：北京精彩雅恒印刷有限公司
版　　次：2012年5月第1版　2014年11月第2次印刷
开　　本：787 mm×1 092 mm　1/48　印张：3　字数：34千
印　　数：20 001～23 000册
书　　号：ISBN 978-7-113-14425-8
定　　价：17.00元

前言

PREFACE

为适应科学发展的需要，近些年，铁路大量采用新装备、新技术、新工艺，并颁布实施了一大批新的规章、制度。怎样通过简洁、易学、注重实效的学习形式和学习方法，帮助职工在较短的时间内及时掌握“四新”知识，确保安全生产，成为生产一线专(兼)职教师和广大职工的迫切需要，也是各级职工教育培训部门急需去做的一项工作。自2008年以来，兰州铁路局秉承为生产一线职工提供“最直接、最简洁、最有效”学习资源和开好“直通车”，帮助职工快速掌握“四新”知识，适应铁路大发展需要的理念，积极探索培训方式方法的多样化，打通因学习方式单一、方法死板、不切合实际而影响学习效果的“瓶颈”，先后推广使用了“研讨式”教学、“背包式”教学、“示范式”教学、“实训式”教学等符合现场实际、短小精悍、教师易教、职工易学并易掌握易应用的学习方法，取得较好效果。2011年，编者在深入现场调研、总结，并和职工教育同仁多次研讨磋商的基础上，编写了本手册，旨在为更多的一线专（兼）职教师开展教学服务，也希望能为有学习能力的一线职工自学时提供帮助。手册共介绍了25种培训方式，在实际应用中，有的可一式一用，有的也可多式一用，至于在实际教学中采用哪种方式，取决于增强培训针对性、实效性的需要，只要有利于职工快速、准确学习掌握“四新”知识就是好的、有用的方式方法。正如古人云，“教无定法、贵在得法”。

由于编者水平有限，本手册在方式上既不能概全，内容上也难以做到精准，这也是编者心有余而力不足，多次润色修改的原因所在。不足之处，恳请同行专家指教，也请生产一线专(兼)职教师和广大职工斧正。

本手册编写过程中，兰州铁路局部分业务处、站段、培训基地多名职教专(兼)职工作者参与审稿，提出了许多宝贵的建议，在此表示衷心的感谢。

编　者

2012 年 3 月

编委会名单

主　　编：孙家骏

编　　者：徐　铭　朱　军

参与编写：孙　凌　那　岩

郭永生　孙雁婷

目　录

一、集中式培训

1 概　念

根据学习内容和学习目标，编制详细的教学方案，将培训对象集中起来，通过培训教师的集中讲解、领学、答疑、演示等教学手段，提高职工素质的培训方式。

2 适用范围

适用于班组岗上职工的培训。

3 主要特点

(1)一次性培训人数多，效率高，易于组织实施，节约培训资源。

(2)讲授的知识比较系统、全面，有利于学员系统地接受。

（3）对培训环境、培训设施等硬件条件要求不高，在室内外都可以进行。

4 实施要点

（1）根据培训要求，因地制宜，做好培训前的准备工作。

（2）培训教师认真编制授课教案，以便更好地控制教学过程。

（3）运用讲解、问答、交流、演示、案例等多种授课方法和技巧，激励并保持参培职工的学习兴趣，避免照本宣科。

5 注意事项

（1）培训教师备课不但要备授课内容，还要备培训对象、备需要提出的问题，同时，要了解参培职工的素质状况，明确授课过程中需要解决的重点问题、提问的对象，保证教学过程顺利实施。

(2)注重师生间的互动，调动参培职工的学习兴趣，活跃课堂气氛，防止"满堂灌"。

(3)加强对培训效果的跟踪评估。尤其对个别掌握不熟练的人员要及时进行跟踪培训，强化培训效果。

6 案例讲解

【案 例】

某机务段根据 LKJ 模式新增功能的变化，利用每天乘务员学习会，对机车乘务员和运用管理人员进行集中培训。

讲解 LKJ 模式新增的《司机进站确认警惕功能》和《司机周期警惕功能》：(1)警惕功能的启动条件、控制

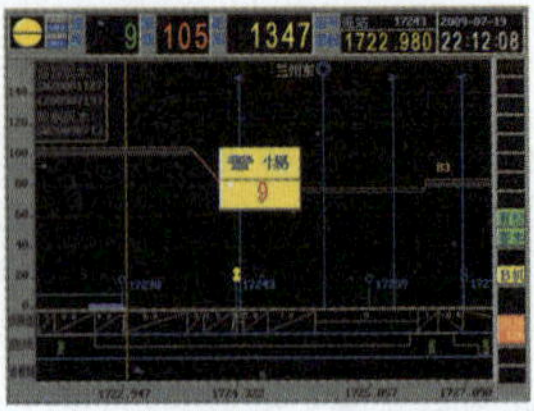

方式、终止条件等；(2)警惕功能实施制动控制后的解锁方法；(3)警惕按钮故障后如何使用其他办法消除警惕报警；(4)使用“便携式 LKJ 测试仪”对新增警惕功能的各项内容逐一进行演示教学。演示后，请学员上讲台亲手操作“便携式 LKJ 测试仪”，由教师示范演练警惕功能有关操作环节。最后，由教师对本次集中培训要掌握的知识进行梳理总结，布置下次集中培训时要提问的重点问题。

【点评】

集中培训是传统的学习方式，但本案例又有创新。培训教师抓住课前充分准备，课中系统讲授，学员动手操作，要点归纳总结四个环节开展教学活动，尽管讲授的是专业知识但不枯燥，师生互动不再沉闷，精心准备按需施教，总结归纳领会要点，达到了教学的预期目标。

二、自学式培训

1 概 念

根据学习计划或生产需求以及个人职业生涯规划，职工自己学习，掌握职业知识和技能的培训方式。

2 适用范围

适用于班组自学能力和自学意识比较强的职工的培训。

3 主要特点

（1）针对性强，体现“缺啥补啥”的高度统一。

（2）形式灵活，可以在工作时间学，也可在工余时间学。可以学理论，也可以学实作。

（3）自主性强，学什么，什么时间

学，学到什么程度都由自己决定。

4 实施要点

（1）制订明确的学习计划和学习目标，必要时可请培训教师指导。

（2）养成良好的学习习惯，做到经常学习，循序渐进。

（3）完成阶段学习目标后，要通过参加竞赛、鉴定、考试等方式检验学习效果。

（4）由兼职教师定期检查学习情况。

5 注意事项

（1）紧密结合自身和工作实际，制订学习计划和预期要实现的目标。

（2）要高度自律，按计划学习，经常学习。

（3）学习中遇到困难，要向有专业知识和技能的同志请教，不要怕伤面子而影响学习效果。

(4)刚开始自学时,目标要定得适中,具备一定知识和技能后,自学目标要逐步提高。

6 案例讲解

【案 例】

某电务段信号工小张是2003年参加铁路工作的新职工。参加工作以来,从事车站与区间信号岗位的工作。在备战2008年全路职业技能大赛期间,教练组发现他对驼峰信号专业也很熟,就让他报名参加驼峰信号专业项目的竞赛。最后取得全路驼峰信号工竞赛第三名的好成绩。赛后,很多人向他请教学习方法和学习经历,他说,平时自己一个人在沿线小站工作，没有什么学习条件，主要学习方法就是自学。主要学习经历就是学习、参赛，学习为参赛打基础，用参赛检验学习效果。自工作以来，先后参加车间、段、局职业技能竞赛6次，成绩都名列前茅。

【点评】

俗话说，“师傅领进门，修行在个人”。个人修行的主要实现形式就是自学。自学的好处很多，时间充足，化整为零，量身订制，针对性强；日积月累，循序渐进；方法灵活，有用即学。各行各业，凡是成功者，多是自学人，案例中小张的成长经历告诉我们，只要有能力自学，就要把自学作为提高职业素质的主要途径，自学可以成才，科学的自学还是成才的捷径。

三、研讨式培训

1 概　念

根据培训需求，明确培训时需要解决的热点、难点和共性问题，预先确定1～2个研讨课题，在培训教师的组织下，学员结合自身工作实践，提出解决问题的建议或方案，经过师生之间、学员之间的讨论、补充和完善，得出最优解决方案的培训方式。

2 适用范围

适用于工班长、高级技师、技师及有一定专业基础职工的培训。

3 主要特点

(1)把现场作业中存在的技术问题作为研讨课题，激发职工的学习兴趣，起到活跃职工思维，提高思考能力的作用。

(2)借鉴别人好的做法，开阔自己的思路，找到解决问题的最佳方案。

(3)促进学员之间相互交流，最大限度地调动学员的参与意识。

4 实施要点

(1)选好研讨课题。培训前，要结合现场安全生产中的热点、难点和共性问题确定研讨课题，并提前告知参培职工，要求参培职工结合现场工作实际及自身工作经验，进行认真思考和准备，提出自己的意见和方案，以便在培训中进行交流。

(2)选好培训教师。研讨式培训需要任课教师具备较强的专业知识、丰富的教学经验和现场工作经验。

(3)把控好研讨进程。在交流研讨中能够把握重点、把握时间，控制并驾驭好课堂，使交流研讨按预先设定的目标进行。

(4)参培人员较多时，可分组进行交流研讨，培训教师要及时整理、归纳研讨结果。

5 注意事项

(1)防止跑题。

(2)防止先入为主。

(3)防止急于确定答案。

(4)对于解决问题涉及规章、制度和管理权限才能决定的事项，要坚持请示批准后再确定答案的原则。

6 案例讲解

【案 例】

2009 年 8 月，某铁路局举办工务系统高技能人员培训班，在安排集体课程学习的同时，针对工务线路因水平三角坑、曲线不圆顺、道岔尖轨不密贴等引起晃车等线路养护中的“疑难杂症”，专门组织进行了研讨，请参加培训的一线专家“会诊”。经过两天的研讨，不仅找到了好的解决办法，也活跃了培训班的学习气氛，得到了业务部门的肯定，一些研讨成果被推广应用于生产实践。

【点 评】

培训不仅要重视新知识的“输入”，也要根据培训对象所掌握的知识和经验，通过研讨、总结、提炼，重视“绝活”、“绝技”的“输出”，让一人或若干人的成果为多数职工共享。研讨式培训就是对这种认知的实践，也是改进培训方式的探索，值得在多种类型的培训中采用。

四、竞赛式培训

1 概　念

根据培训计划或职工素质在生产过程中暴露出来的普遍性、倾向性、关键性问题，通过开展职业技能竞赛，针对性提高职工素质的培训方式。

2 适用范围

适用于单位、车间、班组组织职工参加的职业技能竞赛。

3 主要特点

(1)竞技性强。

(2)紧密结合生产实际和职工素质实际。

(3)较为真实地反映每一名职工

的实际职业技能水平，为今后有针对性地提高自身素质提供依据。

4 实施要点

(1)根据竞赛目标，制订竞赛方案。

(2)精心组织。根据单位、车间、班组不同层级，服务于不同目标的竞赛，做好职业技能竞赛的各项准备工作。

(3)营造公正、规范而又轻松活泼的竞赛氛围。

(4)做好点评、总结工作。

5 注意事项

(1)安排好竞赛时间。一般不要在生产繁忙时段安排竞赛。

(2)紧密联系生产和职工素质实际开展竞赛。

(3)竞赛前要进行与竞赛项目有

关的劳动安全教育。

(4)竞赛准备工作要周密细致。

(5)繁简适宜。各级各类竞赛都要着眼于解决生产中的实际问题，适宜繁杂的要周密组织；适宜简单的，特别是车间、班组组织的竞赛，就要简单易行。切忌竞赛的形式化。

6 案例讲解

【案 例】

某车辆段开展职业技能竞赛已经形成段年赛、车间季赛、班组月赛的常态化竞赛机制，并按照全员参与、逐级选优、提升标准、规范规则、制度管理、讲求实效的要求，融入职工资格性、适应性、日常性培训，以赛代培，以练促学，在快速提高职工素质、培养高技能人才方面做了有益探索，截至 2011 年 12 月底，该段技师、高级技师已占技术工人总数的10.2%。

【点评】

开展职业技能竞赛是提高职工素质的有效途径，也是职工教育培训的主要形式之一。要使职业技能竞赛取得实效，最关键的在于联系生产和职工素质实际，为确保安全、确保生产、提高职工素质服务。最根本的在于规范化、制度化、常态化。该段在开展职业技能竞赛方面所进行的积极探索和取得的明显成效，为其他单位开展职业技能竞赛提供了借鉴。

五、实训式培训

1 概　念

由培训教师利用实训设备，或在确保安全的前提下，把课堂搬到现场，讲解操作技能、作业标准及故障处置的方式方法，组织职工亲自动手演练，提高职工实作技能水平的培训方式。

2 适用范围

适用于班组岗上职工的培训。

3 主要特点

（1）现场感强，理论联系实际。

（2）直观，容易理解。

（3）效果明显。通过上手实作，掌握作业技能和操作方法。

4 实施要点

(1)准确掌握培训需求,根据日常生产和职工素质中暴露出的"短板",针对性的安排实训项目。

(2)教师在课前要备好课,不仅讲清楚怎么做,还要讲明为什么这样做。

(3)对个别关键性问题和职工不理解的问题,要重点讲解。

(4)要把讲解、提问和组织职工实际操作结合起来,着重考察职工对知识的理解和对设备设施的操作动手能力。

5 注意事项

(1)做好实训课的课前准备,如场所、设备、工具等。

(2)对设备性能、操作流程必须熟悉、规范,切忌现场"掉链子"。

（3）在现场培训，要制定安全防范措施，确保安全。

6 案例讲解

【案 例】

为了使职工掌握数字化轨道检查仪的使用方法和操作要领，某工务段对9个线路车间的32名轨道检查仪操作人员进行实作培训。实训先由培训教师讲解和演示轨道检查仪的功能、操作要领及安全注意事项，之后由培训教师组织学员操作演练，在确认学员基本掌握轨道检查仪的基本知识和操作技能后，培训教师对本次实训情况进行了简要的总结。

【点评】

实作培训的核心就是联系生产实际开展培训。设备操作人员如何正确使用设备，制票人员如何规范、准确填写票据，客货服务人员如何按规范和职业道德要求为旅客、货主提供热情周到的服务，都是各单位开展实训的内容。本案例针对新设备的使用开展培训，一是选择懂设备的内行当老师；二是全员性培训，做到培训对象全覆盖；三是教与练相结合，体现了实作培训的针对性、直观性和教与练结合的一致性。

六、案例式培训

1 概　念

根据教学目的，用曾经发生过的正反两个方面的事例进行教学，学习正面的成功经验，吸取负面的失败教训，从对事实的感悟中提高自身职业素质的培训方式。

2 适用范围

适用于班组岗上职工的培训。

3 主要特点

（1）具有真实感和说服力，能引起职工的重视。

（2）教学内容生动具体，职工参与性强。

（3）在讲解案例的过程中锻炼职

工分析问题、解决问题的能力，能起到举一反三的作用。

4 实施要点

(1)案例的选择要适当，展示要准确。同一问题应选择多个案例进行说明，典型案例要能举一反三说明其他类似问题的解决办法和防范措施。

(2)培训教师要提前做好准备，尽量真实还原案例原貌，做到原汁原味，增强职工对案例的认知和体会。

(3)培训教师要积极引导职工结合相关规章、规程、制度，分析事故、故障发生的原因和应当吸取的教训，对学员的发言及时点评，总结出正确的解决方案和预防措施。

(4)通过培训，指导职工学习先进的工作方法，掌握标准的操作程序、正确的处理方法和相应的防范措施，达到学习先进经验，汲取教训，防止类似事故发生的培训目的。

5 注意事项

（1）选择案例一定要与教学目的相一致，既要注意特殊性，更要注重普遍性。

（2）讲解案例要客观、全面，以“例”证“法”，以“法”讲“例”，增强说服力，不要以偏概全，也不要一叶障目。

（3）讲解负面案例，要隐去单位、姓名，避免引起消极反应。

（4）图示教学效果更好。

6 案例讲解

【案 例】

为了使职工培训更加紧密结合现场实际，某机务段职教科以“警示、教育、培训、提高”为宗旨，将收集到的段、局和全路发生的各种安全事

故、机车故障的典型案例，按照概况、原因、教训、应急处理办法、应采取的防范措施等项目，

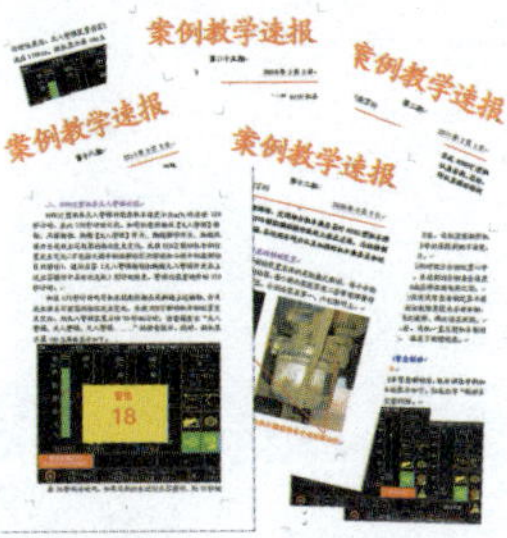

编写成《案例教学速报》，及时下发至各车间和各教学点，同时上传至段职教网上，迅速、准确地传达到每名乘务员，供职工学习使用。

【点 评】

《案例教学速报》既真实传达了事故相关要素，又把应汲取的教训由原来简单的说教，变为直观的现场体验，经验实用服人，教训记忆深刻，处理办法简单实用，增强了培训的针对性和实效性，成为广大职工喜闻乐见的一种培训方式。

七、匹配式培训

1 概　念

根据生产需求和职工素质实际，配置教育培训资源，使培训时间、内容、方式与培训需求相匹配的培训方式。

2 适用范围

适用于班组岗上职工的培训。

3 主要特点

（1）有效利用培训资源。

（2）所学与职工素质实际和单位培训需求高度结合。

4 实施要点

（1）根据生产需求和职工素质实

际制订培训计划，配置培训资源。

(2)按照培训计划，分级分类实施培训。

(3)年度或阶段性培训计划实施后，要考察、分析培训效果，好的坚持，不足的在编制下一个培训计划时改进。

5 注意事项

(1)要根据职工任职岗位、职工素质实际和生产需求，编制培训需求和培训资源相匹配的培训计划。

(2)跟踪培训效果，发现问题及时整改。

6 案例讲解

【案 例】

• 案例 1

某铁路局为了增强职工教育培训的针对性和实效性，在 2009 年提出了培训需求与培训资源相匹配的理念。2010年,将一线职工分成车间级工种技术带头人,班组生产骨干(工班长、高级技师、技师及其他生产骨干),其他在岗职工三条线,实行培训资源与三条线培训需求相匹配。三条线的培训目标是:第一条线职工通过培训,能够在车间范围内发挥攻坚克难的骨干作用,立标打样的示范作用,释疑解惑的指导作用;第二条线职工通过培训,能够在班组内发挥以上"三个作用";第三条线职工通过培训,能够具备担负本岗位职责的能力,第二、三条线的优秀者成为上一条线的候补人选。路局重点抓第一、二条线的培训,站段重点抓第三条线的培训。由于按岗位职责和职工素质实际配置培训资源,既减少了盲目培训和培训资源的浪费，职工素质也得到明显提高，保安全、保生产的能力明显增强。

• 案例 2

某工务段在工班长培训前，根据自控型班组建设对工班长专业管理素质的要求，按照普通线路、提速线路、无缝线路各工作岗位的相关性特征和班组管理的相关要求，将工班长所需的岗位管理知识和专业知识细化为 18 个知识点，归并为 A、B、C、D 四大培训模块，制订了相应的培训内容并予以公布，要求每位工班长按照工作年限、工作经验和学习能力，结合自身工作的不同岗位需求和应知应会知识、工作中存在的共性问题、自控型班组建设的要求等内容，“量体裁衣”，选取其中一个模块或多个模块参加针对性培训。该段282名工班长中，有9人根据需求参加了3个模块的培训，41人参加了2个模块的培训，232人参加了1个模块的培训，其中A类60人次、B类149人次、C类92人次、D类31人次。通过培训，工班长提高了与岗位和职责相适应的技术业务和专业管理素质。

• 案例3

某供电段针对电力线路工岗位技能要求和现状之间的差异，开展了“菜单式”培训，针对性地列出培训项目，由班组或职工“点菜”，通过统计分析，制订出相应的培训计划，对职工开展针对性培训。

一是精心编制“菜谱”。段职教科组织专业人员，依据《铁路职业技能培训规范》和相关制度规定，列举

各等级职工应掌握的应知应会知识，编制出“电工基础、工具仪表使用、地面作业、杆上组装、设备维护、线路施工、故障处理、分析设计”八大系列共40个品种的“菜谱”，经过段、车间、班组的多次讨论确定后，在段办公网的“职工教育”栏目中予以公布。二是分级“点菜”。由班组组织职工根据自己的技能等级、相应级别技能要求和工作中存在的差距，按照“干啥学啥、缺啥补啥”的原则，在“菜谱”中选择与自己相关的针对性应知应会知识。三是统计“菜单”。由职教科统计全段电力工对各“菜品”的需求，并按系列进行分类统计。四是炒制“菜看”。由职教科组织专业人员进行“配菜”，按照职工需求制定分级培训内容，编制每个系列的课件、讲义等培训资料，统筹段、车间、班组的培训项目，对每个类别制定2～3天的培训计划，按需施教。

【点评】

上述三个案例都是培训需求与培训资源相匹配的有益探索，也是改进传统教育培训方式方法的大胆创新。他们的成功实践启示我们，做好新时期的职工教育培训，也需要打开窗户，接收“新鲜空气”，将其他学科、行业的先进管理理念、做法引入职工教育培训的具体实践，只有博采众长，才能走出一条改进和加强企业职工教育培训的新路来。

八、启发式培训

1 概　念

根据培训目标的需要，在培训中由培训教师提出问题，引导参培学员积极踊跃发言，最后由培训教师总结归纳，达成共识的培训方式。

2 适用范围

适用于各类职工的培训。

3 主要特点

(1)师生互动，学习气氛活跃。

(2)各抒己见，学员有强烈的主人意识。

(3)总结归纳，有助于达成共识，有助于学到知识点。

4 实施要点

（1）要求培训教师课前精选课题，做到事前材料准备充分，掌握启发技巧。

（2）通过提示、比较、概括等方式，引导职工主动思考问题，激发学习的兴趣，直至掌握培训内容。

（3）按照培训目标，及时归纳引导，启发学员得出正确结论，达到培训目的。

5 注意事项

（1）培训教师对课题的讨论要有引导、驾驭能力，防止跑题。

（2）归纳总结既要符合理论，更要符合现场实际。

6 案例讲解

【案 例】

老师："这堂课学习的重点是'如

何做好班组思想政治工作'。在座各位是来自各基层的班组长，都有做班组职工思想政治工作方面的经历和感受，但如何做好，大家还都比较困惑。今天我们就围绕这个课题展开讨论。下面，先请张工长给大家介绍一下他在日常班组管理中是如何做班组思想政治工作的。"

张工长对做班组思想政治工作的认识做了介绍。

老师："你们认为他对班组思想政治工作的认识怎么样？"

学员甲："好像不太全面，他对思想政治工作的认识还只是停留在搞好安全生产就一切都好的层面上，据我所知，他可是经常自己加班加点一个人在干，我认为要想真正把一个班组搞好，应该是把大家的积极性调动起来，团结大家一起干，使大家变被动工作为主动工作。”

老师：“那么，如何调动呢？”

七嘴八舌：“发奖金、给调休、考核、评先进、疗养……”

老师：“如果在这些手段都无法达到预期效果的时候，你们想一想，可能会出现什么情况？”

学员乙：“班组就没有凝聚力，职工情绪大，不愿多干一点儿活，生产任务完不成或完成质量差，收入就甭提了。哎呀，班组长那就惨啦。”

老师：“所以，你们一定要对做好班组思想政治工作有一个明确、清晰的认识。讲个故事给大家听，这个故事的主角就在现场，大家可以一边听一边猜猜他是谁。”

“有一位班组长，今年 36 岁，正是年富力强、经验丰富的年龄，平时工作一丝不苟，业务能力一流，每年的合理化建议均能被采纳，属于典型的工作态度好，业务水平高，学习、管理能力强的高技能人才。单位在他 26 岁那年就提拔他当了班长，大半年后又提拔他当了工长，可是不到三个月，他就因和职工打架被免职了。一年后这位同志在全段技术大比武中获得两个单项第一名和一个全能第一名，代表单位参加全局技术比武，取得了好成绩，受到了铁路局嘉奖。经过一段时间的锤炼后，单位再次给他机会，又提拔他当班长，他配合工长全力以赴抓设备质量，使班组的设备质量得到了大幅提升。32岁时他再次被提拔为工长。但是，半年后就陆续有职工向段有关部门反映：他脾气太坏、总骂人、老让我们加班、没有人情味儿，也忒卖力了……班组管理下滑严重。但是，车间给段上的意见却是这人不能免。段有关部门在了解情况以后，将其调整到新的班组任命班长，三个月后提拔为工长。至今三年有余，所在班组各项工作搞得红红火火，已连续两年荣获段“先进班组”的称号，设备优良率高居全段榜首，职工收入得到提升，班组气氛融洽，工作积极性明显高于全段其他班组。大家能猜出他是谁吗？”

异口同声：“王富贵”。

老师：“对，下面请王富贵讲讲他的管理心得，其他学员在听完他的故事和心得后可以总结一下自己本节课的收获，讲出来大家共同分享、共同提高，好吗？”

异口同声：“好！”

（鼓掌欢迎王富贵。）

王富贵：“老师前面说要以我为例讲课，我觉得很不好意思，被提了—免了—提了—免了，觉得面子上过不去，但是又一想吧，段、车间这么支持我的工作，大家又认可我，把我的心得讲出来也是为了搞好工作，那就讲吧。”

“通过这几年的起起伏伏，让我清楚地认识到了班组思想政治工作的重要性。带好一个班组，最重要的不仅是业务能力有多强，更重要的是看你的管理是否到位，尤其是对‘人’的管理，这就要求你必须具备多方面的知识和能力。我的体会主要有以下几点：(1)我们当班组长的一定要发挥好安全生产第一道守门人的作用，这是重中之重；(2)吃透段上的各类考核文件、制度，有决心有信心挣回各类奖励，想法儿提高收入，这样大家才有干劲儿，才服你；(3)当好车间管理人员的左右手，全力以赴支持车间工作，有困难、有意见及时向上反映，不耍态度、不撂挑子；(4)把自己当做同事的战友、兄弟，是他们的帮助者和支持者。我就说这些，谢谢老师，谢谢大家。”

（鼓掌，课堂气氛活跃，讨论热烈。）

老师：“其他学员可以站起来发言。”

学员丁：“我认为，在日常的班组

管理工作中，要想干好，就得多和大家沟通，把自己的想法说出来，争取得到大家的支持，工作就好干了。”

老师：“对，很好。”

学员甲：“放弃保守想法，相信别人的能力，放手让他们干，不怕别人超过自己。”

学员乙：“学会赞美别人，多看到他人的长处，对差的职工要多鼓励。”

学员丙：“做好表率，说到做到，不轻易许诺，做事要有原则，不做超出工长权限的事，不以权谋私，不义气用权。”

学员丁：“要做好自我控制，尤其在忙、累、难的情况下不说过激的话、不做过激的事，职工有过激行为时一定要冷静，通过组织途径解决问题。”

学员戊：“要尊重手下职工，要敢

于承担责任，办事要公道。”

学员戊：“管理要严格，规章制度面前不能打折扣。”

学员丁：“抓好业务学习，不光自己学，还要通过实际行动带动大家一起学。”

王富贵：“要多和车间、段上沟通，通过职代会、合理化建议等多途径建言献策，及时掌握信息，争取支持帮助。”

老师：“大家讲得非常好。据我所知，目前我局的工班长大多数擅长于对设备、机具、材料的管理，管‘人’是大家的‘短板’。在‘人’的管理和团队的建设上有欠缺。我把大家的发言进行了总结，把关键词列出来与大家分享，相信大家今后按照这些关键词去做，就会做好班组的思想政治工作。”

（提示：画线部分是老师从学员发言中归纳出的关键词。）

【点评】

班组思想政治工作是班组管理的重要内容，是班组长必须要做的工作，又是做好班组工作的基本功。培训教师针对班组管理工作中具有普遍性的，对思想政治工作认识不清，又有许多班组长不会做的“短板”，采用启发式教学方法，由教师提出问题，启发学员发言，更为难得的是由虚到实，找出“两下三上”的王富贵现身谈体会，不仅把课堂讨论引向高潮，更重要的在于帮助学员从王富贵的亲身经历和感受中得出做好班组思想政治工作必要性的认识，也掌握了做好班组思想政治工作的方法。这是启发式培训的一个典型案例。

九、帮扶式培训

1 概　念

由单位或车间确定，由职业素质较高的职工与“三新人员”、新任职职工、职业综合素质或某一方面素质较低的职工结成帮扶对子，通过实施帮扶计划，使被帮扶对象达到胜任岗位能力目标的培训方式。

2 适用范围

适用于“三新人员”、新任职职工、综合素质或某一方面素质较低职工的培训。

3 主要特点

(1)针对性强，体现按需施教。

(2)责任明确，通过协议，明确师

徒双方的责任、义务及素质达标期限。

4 实施要点

（1）选好师傅。要选敬业精神强、业务素质高、工作认真、有责任心的职工担任师傅。

（2）明确师徒双方责任义务并签订协议，体现帮扶的严肃性，协议应明确帮扶目标、内容、计划及帮扶达标期限。

（3）对师带徒结果定期进行帮扶考核，对培训效果进行跟踪评估，确保徒弟在帮扶期内达到培训目标。徒弟经考核达标，单位或车间要兑现师傅的帮扶待遇。

5 注意事项

（1）帮扶协议要具体，特别是帮扶内容要有针对性，帮扶措施要有可操作性。

(2)选择的师傅要有帮扶能力和责任心,并要教育徒弟虚心学习,学会感恩,培养其早日成才。

(3)加强帮扶过程的跟踪管理,确保帮扶计划的落实。

6 案例讲解

【案 例】

某段已经把师带徒纳入规范化管理轨道,由口头式变成协议式,自愿式变成制度化管理。他们的做法是,对"三新人员"在定职前,先进行集中培训,之后选定师傅,签订帮扶协议,指定帮扶管理者跟踪考核,对考核合格者,由单位职教部门负责人签字后送劳人部门

审核，领导批准后下任职令；对有任职令的新职工或个别综合素质、单一素质较低的职工，由单位或车间、班组选择师傅，根据帮扶的难易程度、时间长短，制订帮扶计划，明确帮扶目标，实施帮扶，效果比较明显。

【点评】

师带徒是一种传统的教育培训方式，由于针对性强，责任明确，广泛应用于各行业。该段的做法是将现代管理的方法成功嫁接到传统的培训方法中，通过协议，明确师徒双方的责任和义务，解决师傅不愿教、徒弟不爱学的问题，赋予师带徒新的特色和意义，值得各单位学习借鉴。

十、攻关式培训

1 概　念

根据生产中反映出来的，和职工素质密切相关的突出问题，组织优秀培训资源，集中攻关，研究制订培训方案，实施针对性培训，在攻克难题的同时提高职工素质的培训方式。

2 适用范围

适用于通过提高职工素质，解决影响安全生产突出问题的职工培训。

3 主要特点

（1）问题的关键性。不通过培训解决问题，对安全生产会有重大影响。

（2）时间的紧迫性。不抓紧实施培训，解决问题，有可能使问题扩大状态，造成经济损失或酿成事故。

(3)问题的频发性。不实施培训难以解决问题。

(4)集中优势培训资源的必要性。只有集中时间，集中优势培训资源，开展针对性培训，才能及时解决问题，化解风险，保证安全生产的顺利进行。

4 实施要点

(1)把生产中反映出来的突出问题作为开展攻关式培训的依据。

(2)在详细了解、掌握突出问题的原因、发展过程、现状，以及和职工素质相关联因素的基础上，制定培训方案。

(3)组织优秀的师资，挑选适用教材，必要时编写讲义，由职教部门负责人带队到现场实施培训计划，集授课、研讨、实作于一体，提高职工认识问题、解决问题的能力。

（4）在突出问题解决后，总结提高职工素质的方法，纳入职工应知应会范围，做好日常培训工作。

5 注意事项

（1）对安全生产中反映出来的突出问题，在认真分析的基础上，找准和职工素质密切相关的问题及原因。

（2）针对问题制订培训计划和实施方案，并在实施中不断调整、完善，防止误判误培。

（3）要集中优势培训资源实施培训。对多数班组普遍存在的突出问题要集中培训，对某个班组、某个环节存在的突出问题要组织优势培训资源到现场进行培训。

（4）培训过程要注意集讲授、研

讨、实作于一体，集思广益，解决问题。

6 案例讲解

【案 例】

2011 年，某机务段大量使用新型和谐机车，在运行到某区段时经常发生坡停，坡停后，乘务员因操作不当而无法坡道起车，每月都有十多起，占全段机车途停故障的 70%，这种状况持续了半年多的时间，成为段领导感到头痛的“老大难”问题。2011 年 10 月，段主管职教领导组织职教部门负责人、优秀教师组成职工素质攻关组，深入到故障发生地段，利用试验车反复试验、论证，在积累了大量的资料、经验的基础上，对机车乘务员开展了攻关式培训。经过三个月“对症下药”的针对性现场培训，效果凸显，2012 年 2 月，发生坡停故障 3 起，

3月，消灭操作因素造成的坡停，同比去年月均发生故障减少了88.7%，受到路局业务部门的电报表扬。

【点评】

不管是执行"八二法则"，还是抓重点工作，一个基本理念都是要求对重点问题、关键问题集中优势力量予以关注和解决。从某种程度来说，重点问题、关键问题虽然是工作中的少数，但决定工作的成效。攻关式培训就是针对生产中反映出来的和职工素质密切相关的突出问题而开展的培训活动。该案例介绍的做法和成效诠释了攻关式培训的内容、过程、要点，同时也证明了这种培训方式的必要性、重要性和科学性，值得各单位、车间、班组在开展教育培训的实践中予以重视。

十一、背包式培训

1 概 念

针对铁路岗位点多线长，工作任务繁重，工学矛盾突出，人员集中培训困难等实际情况，组织培训教师携带教学资料和教学设备，送教到现场，通过视听、讲练等教学手段，达到让现场职工学懂、学会的培训方式。

2 适用范围

适用于对不易集中职工的培训。

3 主要特点

(1)体现了职工岗位“缺什么”、作业“用什么”、背包教学“教什么”的培训目的。

(2)围绕现场作业中的共性、难

点、疑点问题，实现“教”与“学”的无缝对接。

(3)减少了职工在路途上的来回奔波，减轻了职工的学习负担。

(4)充分使用多媒体教学设备，实现了师资、设备等教育资源的最大利用。

4 实施要点

(1)针对现场安全生产需求，确定培训内容，制作图文并茂的教学课件。

(2)按需成立背包教学小组，深入车间班组，送教到现场，突出岗位教学。

(3)充分利用多媒体课件和现场设备，使培训更加直观，贴近现场。

(4)培训结束后，及时填记培训记录，当场确认职工接受培训的效果。

5 注意事项

背包教学的准备工作要充分，培训内容要有针对性，培训师资要有较丰富的实践经验。

6 案例讲解

【案例】

某车务段最近多次发生了 6502 电气集中车站控制台按钮误操作、误触碰问题，给运输安全生产带来了隐患。为了解决这一问题，该段由职教科具体负责，组成 3 个现场背包教学组，利用 flash 动漫、PPT 课件、word 文档等手段，制作了 15 种满足现场培训需求的教学课件，携带必要的教学设施，在车站负责人的配合下，有针对性地进行防止接发列车误操作、误触碰现场背包教学活动。背包教学结束后，及时填记《现场背包教学签认表》。培训效果得到职工的广泛认可，称赞这种培训贴近生产，贴近实际，贴近职工，简洁管用。

【点 评】

该案例针对现场职工倒班不固定、参培人员不易集中的难点，利用现代化教学手段制作了15种教学课件，由培训教师携带相关教学设备、教学资料等到车站、岗位对职工进行培训。通过图文并茂、动静结合、影像再现的方式，复原故障现象，让职工亲自动手解除，提高了职工的操作技能和非正常应急处置能力。这种背包送教到现场的培训方式，针对性较强，培训效果明显，深受现场职工欢迎。

十二、示范式培训

1 概　念

通过组织职工观摩职业技能水平较高职工的作业示范演练，提高观摩职工职业技能素质的培训方式。

2 适用范围

适用于班组岗上职工的培训。

3 主要特点

(1)先进。示范的是单位内或车间、班组内最高的职业技能水平。

(2)直观。我做你看，现实感强。

(3)易学。因为干的是同一种活，用的是同一种设备，通过观摩，容易发现自身存在的问题，“窗户纸”一经点破，学了就能用。

(4)规范。通过示范，纠正不良习惯。

4 实施要点

(1)确定示范项目。最好选择会操作但标准不高，常发性但不易解决，非正常应急处置不规范的项目。

(2)确定示范人员。选择职业素质高、责任心强、操作规范、服务优质的职工担任示范教师。

(3)做好示范组织。包括时间、场地、设备、工具和观摩人员的组织等。

(4)开展交流。示范前，组织者要介绍示范教师的经历、特长及取得的荣誉，增强观摩职工对教师的信服度。示范后要组织师生座谈、交流，加深对示范行为的理解，形成向示范者看齐，按标准作业的认知。

5 注意事项

(1)示范的技能务必是本单位、本车间、本班组内最标准、最先进的。

(2)示范的内容是本单位、车间、班组职工素质或生产过程中带有普遍性的问题。

(3)选好示范教师。

(4)做好示范演练全过程的组织工作。

(5)在现场示范演练期间要注意人身安全。

6 案例讲解

【案 例】

某车务段 20 世纪 90 年代组织推标示范队,效果很好,被所在铁路局总结推广。2006 年,该铁路局把组织示范队定期到现场示范演练作为一种培训方式,在管内各单位实施,对提高职工素质起到了短、平、快的作用，深受现场职工欢迎。

【点评】

由于示范教师来自身边人，大家平时干的是同一种活，执行的是同一种标准，这种“兵教兵”的培训方式不仅有亲近感，还有说服力。方法简单，内容实际，特别是示范后的座谈交流，可以让“观摩”延伸到“理解”、“接受”，有利于增强培训效果。

十三、观摩式培训

1 概　念

为解决单位、车间、班组在生产过程中存在的普遍性、倾向性或关键性问题，组织部分职工到工作先进的单位、车间、班组学习观摩，找到存在差距的原因，借鉴先进经验和做法，在解决问题的同时提高职工素质的培训方式。

2 适用范围

适用于生产中存在较多问题班组职工的培训。

3 主要特点

(1)直观性强。

(2)容易发现自身工作中的差距

和不足。

（3）开阔视野，接受新知识、新理念。

（4）学用结合，效果明显。

4 实施要点

（1）查找并认知自身存在的问题。

（2）确定观摩学习的单位和内容。

（3）做好组织工作，明确学习要点，教育观摩职工树立正确的学习态度。

（4）开好观摩学习总结会，将学到的先进做法转化成职工的素质，应用于工作实践。

5 注意事项

（1）对职工素质中存在的普遍性、

倾向性、关键性问题有明确的认知。

(2)抱着虚心学习的态度到先进单位、车间、班组观摩学习。

(3)观摩学习后要开好总结会，将学习成果应用于工作实践。

6 案例讲解

【案例】

某单位参加2009年、2010年铁路局组织的职业技能竞赛，连续两年成绩不理想，引起了单位领导的重视，段长亲自安排有关部门和工种技术带头人组成观摩学习组，到两年来取得本系统团体总分第一的单位观摩学习。学习组到观摩单位后，听情况介绍，看日常教育培训资料，重点了解职工日常学习和备战路局职业技能竞赛的一系列做法。观摩学习组回到单位，段长主持观摩学习汇报会，听取学习组每位成员的汇报，找出了“领导重视不够、机制作用不明显、日常学习不规范、演练标准不高、组织工作不充分”等 5 个问题，制订了针对性措施，认真整改。2011 年，该段组队参加路局职业技能竞赛，取得了多个单项第一的好成绩。

【点 评】

三人行必有我师，百步内必有芳草。不怕落后，就怕不认识落后。该单位的做法给了我们很好的启示，一个单位先进必有可学之处，只要抱着虚心求学的态度，客观、全面地查找不足，有针对性地制定措施并认真实施，就会改进不足，后来居上。

十四、在线式培训

1 概　念

通过计算机、手机、互联网、局域网等现代化、大众化传播工具，建设职工在线学习平台，为职工提供内容丰富、形式多样的学习条件，满足职工学习需求，快速而又有针对性地提高职工职业技能素质的培训方式。

2 适用范围

适用于班组职工的培训。

3 主要特点

（1）具备灵活性优势，满足现场职工的远程培训需求。

（2）共享优质培训资源，降低培训成本。

(3)实现个性化培训,满足职工学习需要。

4 实施要点

(1)在互联网和局域网建立供本单位职工学习职业技能知识的网站,明确手机短信、QQ答疑的教师联系方式及联系时间。

(2)开发公共和个性化的学习资源,满足不同工种、不同等级职工学习的需要。

(3)由专人负责计算机网络、电脑、手机等现代化传播媒体的管理,及时更新、维护学习资源。

5 注意事项

(1)注意使用现代传播工具的安全性,防止病毒侵入。

(2)提供的教学资源要注重丰富性、规范性、针对性。

(3)制定使用在线学习平台守则，确保公共资源使用规范。

(4)提供的学习资源要有专人管理，做好日常性维护工作。

(5)对不熟悉计算机操作、手机短信操作的职工开展必要的培训。

6 案例讲解

【案 例】

某客运段按照为职工提供“最直接、最简洁、最有效”学习资源的要求，于2011年9月，利用电脑、手机为全段一线职工开设“网络在线课堂”。具体做法是，在互联网上开通一个QQ群(为了保持空间的纯洁性，要求入群的职工实名

制),由职教科指定专人负责登录工作,保证实时在线。工作时在办公室登录QQ,休息时在家中登录QQ,听到信息呼叫及时上线解答。如遇时间太晚或添乘在外时,接到职工发来的信息或QQ留言,用手机与职工进行交流。网络在线课堂成了现场职工学习和解决生产中遇到实际问题的“智囊库”。

【点评】

职工教育培训的出发点和落脚点就是为提高一线职工的素质服务,为一线职工解决生产中遇到的实际问题服务。该客运段借助现代化传播工具,打通职工学习“瓶颈”,开辟学习知识、技能和解决问题快速对接的“直通车”,把为职工提供“最直接、最简洁、最有效”教育资源的理念变成了具体的工作实践。该段的实践给我们的启示是，只要着眼于为提高职工素质服务，为安全生产服务，还有广阔的工作空间有待我们去开发利用。

十五、提升式培训

1 概　念

根据生产需求和每名职工素质实际，确定提升职业素质目标而开展的培训方式。

2 适用范围

适用于班组职工的培训。

3 主要特点

(1)针对性强，因人而异，按需施教。

(2)匹配性强，实现教育资源和学习需求的最佳配置。

(3)实效性强，培训计划量身订制，计划实施后会收到“种瓜得瓜，种豆得豆”的效果。

4 实施要点

(1)根据生产需求和职工素质实际,制订每名职工年度或阶段性职业素质提升计划和要实现的预期目标。

(2)提供条件,落实计划。如学习内容的确定、辅导老师的配备、学习资源的提供、学习时间的保证、实际操作的演练等,确保培训计划兑现。

(3)加强计划实施过程的管理,确保预期目标的实现。

5 注意事项

(1)必须符合实际,既要符合生产实际,也要符合职工素质实际。制订的职工素质提升计划要做到适中,逐步提升。

(2)要体现全员性。既要关注高级工、技师、高级技师的职业素质提升，也要做好初级工、中级工职业素质提升的设计和安排。

(3)要尽可能地提供提升职业素质的条件，并将提升职工素质的工作纳入车间、班组组织的日常教育培训，纳入车间、班组的日常管理，通过经常性的工作，保证职工素质提升目标的实现。

6 案例讲解

【案例】

某电务段根据铁路局《“十一五”高技能人才培养规划》，制订了本单位“十一五”期间技师、高级技师的培养计划。在2006年，该段只有技师、高级技师80名，占技术工人总数的3.7%。按照“十一五"的培养目标，技师、高级技师应达到110名，占技术工人的5%以上，许多管理者信心不足。在这种情况下，段职教委抱着不争论的态度，在全面分析全段职工技能素质结构，特别是高级工素质结构的基础上，制订了技师、高级技师专项培养计划，把每年应培人数、培训形式、培训时间逐一分解，责任到人，并纳入全段日常管理，经过5年的努力，不仅实现了预期目标，还超额完成了任务，截止2011年底，该段有技师、高级技师218名，占技术工人总数的10.1%。

【点评】

铁路的大发展，客观地要求每一名岗上职工的素质要与时俱进，逐步提升。提升式培训应是广义的，既包括职业资格升级培训，也包括每一名职工素质的提升。随着“四新”知识大量、快速、频繁地投入生产实践，提升素质就不仅仅是认识问题，更是一个亟待解决的实际问题。只有根据生产需求不断提升职工的职业素质，才能保证素质“常青”，与生产需求相适应。

十六、补强式培训

1 概 念

根据职工素质实际，找出每名职工素质“短板”，以岗位标准为依据，按照“缺啥补啥”的原则，有针对性地确定培训内容，使职工的职业素质达到岗位作业标准的培训方式。

2 适用范围

适用于班组职工的培训。

3 主要特点

(1)针对性强，“缺啥补啥”。

(2)节约培训资源，也减轻职工的学习负担。

4 实施要点

（1）认真分析职工素质状况，准确掌握不同职工的素质"短板"。

（2）根据查找出的素质"短板"，制订个性化的培训计划并组织实施。

（3）对培训效果进行跟踪评估，对综合素质达到岗位标准要求的职工，今后侧重实施巩固性质的培训，对未达标职工，继续按照"缺啥补啥"的原则实施补强培训。

5 注意事项

（1）查找出的素质"短板"要准确，与岗位职责的要求相一致。

（2）制订的培训计划要有针对性，做到"对症下药"。

（3）本工种（岗位）职业素质已达标职工不再参加这类培训，避免这部分职工产生抵触和厌倦情绪。

6 案例讲解

【案例】

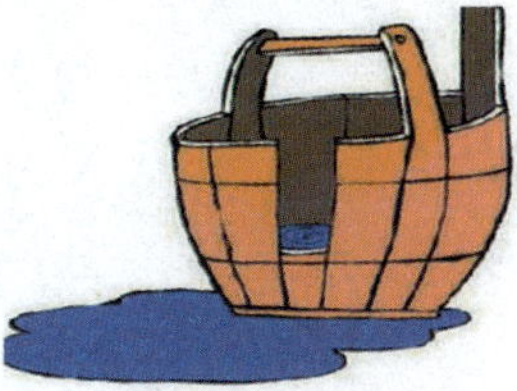

某工务段针对包兰线新换铺无缝线路，对管内包兰线所属两个车间干部职工425人，以无缝线路养护维修为培训内容开展两次全员培训。第一次培训在线路铺设初期，第二次培训在无缝线路养护维修半年后进行，但部分班组及部分职工在作业过程中仍存在问题，造成线路很不稳定。

该段就此问题进行了培训调研分析，原因在于两个车间所属的15个班组中，有2个班组的职工对无缝线路作业轨温条件认识模糊，有5名巡道工对无缝线路巡查重点未完全掌握。

为此，该段将这2个班组的职工组织起来，就无缝线路作业轨温条件，以改道作业为例，通过不同时间点作业条件的比较，进行了现场实作培训；对5名巡道工，就无缝线路巡查重点进行了集中理论培训，通过培训，补强了2个班组职工和5名巡道工业务技能方面的缺陷，使他们掌握了无缝线路养护、巡查的知识，线路养护质量呈现稳定状态。

【点评】

美国学者汤姆·W·戈特将“现实状态”与“理想状态”之间的“差距”称之为“缺口”，见培训需求差距分析模型(下图)。

该模型是通过分析“理想技能水

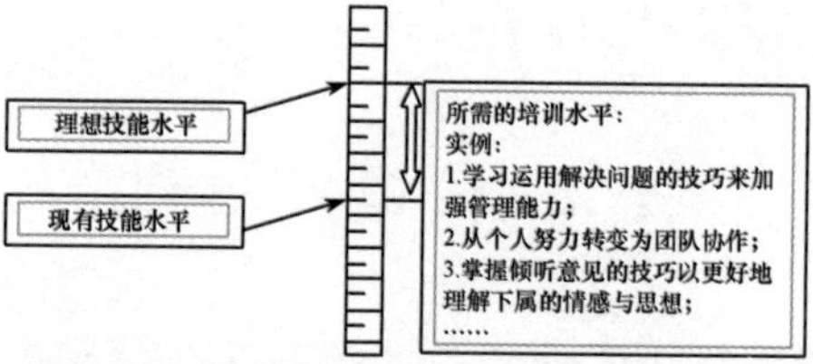

平”和“现有技能水平”之间的关系来确认培训需求。即，培训需求＝理想状态－现实状态。因此，分别从职工的培养目标和现实状态出发，准确掌握职工素质所需或所缺后进行针对性培训，才是最简洁、最有效的培训。在日常培训工作中，不分工种、不管素质差异，实行“满堂灌”培训，一人有素质缺陷，大家陪学，既是对学习资源的浪费，也影响多数职工的学习情绪，是不符合职工学习愿望的，应当加以改进。

十七、滴灌式培训

1 概　念

结合单位的生产实际和职工的知识结构特点，对较为复杂的规章类、作业类规定和实际操作技能，因人而异，因需施教的一种培训方式。

2 适用范围

适用于铁路技术密集型工种（岗位）职工的培训。

3 主要特点

（1）因人而异，因需施教。

（2）培训资源与培训需求相一致。

（3）化整为零，分步实施。

4 实施要点

（1）根据生产需求、设备状况和职工担负的职责、职工素质实际，制订培训计划。

（2）实施培训计划要“对号入座”。

（3）依职责培训和培养后备骨干结合起来，注意培养一专多能的“多面手”。

（4）做好年度或阶段性培训总结，将总结的经验和查找出的不足纳入下一个周期的培训计划。

5 注意事项

（1）培训内容要与培训对象所担负的职责相适应。

（2）培训计划的实施进度要考虑培训对象的素质状况，快慢适当。

（3）按需施教，缺啥补啥。

6 案例讲解

【案 例】

某站在2009年年底召开职教工作会议，重点查找平时做了大量培训但效果不明显的原因。查找出的主要问题是职工教育培训的“满堂灌”，具体表现就是学习计划月月下但脱离生产需求，集中学习制度能够坚持但不能满足不同工种的职工学习要求，培训教师讲一般知识多，讲专业知识少；每月考试概念化的东西多，反映实际工作的少。针对这些问题，这个站对日常教育培训制度作了修改，规定干什么学什么，需要什么讲什么，从生产一线生产骨干中挑选会干又能讲的职工担任培训教师，集体学习也由多工种同堂上课改为分工种“小灶吃饭”。新规定实施后，职工教育培训工作面目一新，出现了职教管理者抓组织协调和保障，懂行的人走上讲堂传授知识和技能，职工根据需求学习的良好局面，职工普遍反映，现在的学习培训用的时间少，学后有用效果好。

【点评】

滴灌技术是以色列人在“给植物输液，

而不是给土地灌水”的理念下发明的一种风靡全球的精细化农业灌溉方法——让水均衡地滴渗到每棵植株根部，使水和肥的利用率达到95%。这种精细化作业方式是对漫灌式作业方式的一次变革，将滴灌式理念移植用于职工教育的日常性培训中也非常有益。滴灌式培训方式的本质就是根据职责和职工素质实际，不仅是了解缺啥，还要把脉缺多少。在准确掌握个性化培训需求的前提下，配置教育培训资源，实现培训需求与培训资源的合理配置。

十八、点评式培训

1 概　念

通过考试、考核、竞赛和对职工日常作业方式、操作技能的观察，运用规章、规范和制度规定，对好的做法和存在问题进行分析，提出指导性意见的培训方式。

2 适用范围

适用于单位、车间、班组组织的职工培训。

3 主要特点

（1）以事讲“法”，有很强的说服力。

（2）利用专家的学识和经验进行点评，具有一定的客观性和权威性。

(3)有利于接受点评的职工发扬成绩,改正不足,提高综合素质。

4 实施要点

(1)要精选理论功底扎实、现场经验丰富、操作技能熟练,又有讲授能力的培训教师担当点评老师。

(2)在各类脱产培训、项目培训、职业技能竞赛或一个阶段生产结束前安排点评环节。

(3)点评老师要做充分准备,详细地占有材料,并运用数理、事例等分析方法,增强分析点评的客观性、准确性、规范性、可信性。

(4)对点评建议或指导意见的落实进行跟踪,发现问题,改正不足。

5 注意事项

(1)根据不同的培训项目,选好点评老师。

(2)点评老师要做好充分的准备工作，体现客观、公正、专业，不断提高点评质量。切忌“点穴”不准，空话连篇。

(3)培训和职业技能竞赛的组织单位，要把培训结果和竞赛结果的点评作为必备环节予以安排。通过点评，达到巩固知识，深化培训的目的。

6 案例讲解

【案 例】

某车辆段针对部分职工对车辆制动机试验操作项目作业过程概念模糊的问题，对从事货车制动机试验岗位的车辆钳工进行了一次培训。培训中，职工对照作业标准将货车制

动机的制动、缓解感度试验等十个试验项目完整操作一遍，老师让职工谈操作体会，并对操作过程和试验环节及时进行点评。

教师："刚才看了学员甲的操作，发现他在制动感度试验时只观察列车管减压量是否正确，不再观察列车管减压后的保压过程，这是不可取的，这一项其实也很重要，是在制动机保压后检测列车管、制动缸和120局减阀是否有漏泄的一个重点项目，虽然规程中没有要求观察，但是不能说这一点可以忽略不做，不然规程就不会有对'制动保压后局部减压量'的规定了。学员乙在做漏泄试验时，第一步应该将截断塞门关闭后再向列车管充风，这样可在确定列车管各接头无漏泄时，判断截断塞门作用不良有漏泄现象，应修理或更换。学员乙的操作方法，很有可能将截断塞门的漏泄给忽略掉，在车辆编入列车中，因特殊情况需要关闭制动机作用时，会引起不必要的制动抱闸故障。”

通过教师的点评，使学员加深了对所学知识的理解，提高了对作业标准的认知能力和检测操作水平。

【点评】

点评既是对培训、竞赛、作业结果的总结，更是对已学知识、技能的检验、评价，对于改进教育培训的方式方法，增强教育培训的针对性、实效性有着重要的作用。该案例是针对一个作业项目出现概念模糊而开展的专题培训。点评老师通过点评学员作业不规范的问题，以小引大，以事讲法，从规章规定的概念讲起，讲到实际操作时为什么这样做不对，怎样做才对的道理，使职工不仅明白了操作的要领，也对车辆制动机操作规范的概念有了清晰准确的认识，是日常性培训的有效形式。

十九、答疑式培训

1 概　念

利用职工集中培训、现场作业或工余时间，对职工现场生产作业中遇到的问题，由培训教师通过多种途径进行答疑，为职工解决生产中遇到的实际问题提供正确的答案或合理的解决方法。

2 适用范围

适用于单位、车间、班组组织的职工培训。

3 主要特点

(1)最直接，有问有答。

(2)最简洁，是师生交流、教学互通的“直通车”。

（3）最实用，问题来自于生产，答案服务于生产。

4 实施要点

（1）畅通答疑渠道，让职工“投问有门”。

（2）答疑教师要有充分准备和知识、技能的积累，做到问有所答，答必正确。

5 注意事项

（1）要创造条件，广开答疑渠道。特别要注意利用计算机网络、电脑、手机，开辟在线学习、答疑平台，做到现场有疑问，职教部门第一时间送教到现场。

（2）要建立标准答案答疑库，满足现场答疑提问的需要。

（3）答疑要规范、准确、简洁、清晰，符合规章和安全管理的要求，切忌含糊不清、模棱两可。

6 案例讲解

【案例】

机车司机："120吗？我是SS_3型356机车乘务员，牵引11083次列车运行在金昌至玉石间，电阻制动后转牵引时预备灯亮给不上电流，请问该怎么处理？"

120："检查一下零位灯亮不亮。"

机车司机："零位灯不亮。"

120："检查监控装置面板上工况显示的是不是非零位。"

机车司机："是非零位。"

120："将控制器3ZK重新合一下。"

机车司机："故障消除了，但是我不明白换向手柄为什么转换到牵引位？"

120："因为控制器3ZK虚接，换向器无电，联锁不能接通，所以监控装置面板上工况显示非零位。"

机车司机："我懂了，谢谢。"

这是某机务段通过远程服务"120"信息咨询台对现场机车乘务员解答疑难问题的培训场景。

为及时解决机车乘务员途中机车出现故障和非正常行车问题，该机务段利用电话集团网的特点，设立了远程服务"120"信息咨询台，利用电话负责解答乘务员现场咨询，及时指导和帮助乘务员处理机车运行中出现的各类问题，并将收集到的信息进行汇总分析，对出现的问题和给予的答复进行跟踪，收到很好的培训效果。

该段“120”信息咨询台开通近4年，受理各类求助信息38172件，其中防止机故410件、事故76件；防止折角塞门关闭5件，消灭了D类及以上责任事故，促进了安全运输生产的持续稳定。

【点评】

随着计算机网络和现代化通信工具的广泛应用，改变了人们的时空观念，使原来彼此遥遥相望不可及的地球，成了“朝发夕至”触手可及的“地球村”。该段将现代化传播工具应用到职工教育培训中，把课堂设在现场、教师直接面对问题答疑的想法变成了现实。这种做法虽然要求一定的硬件条件，但只要认识到位，充分利用现有条件，也能实现点对点、答案对问题的直接培训。这种培训方式的好处概括为一句话，就是教育资源能为现场提供“最直接、最简洁、最有效”的服务，减少了中间环节，也较好地克服了脱离实际的问题。

二十、强记式培训

1 概　念

对需要重点记忆的学习内容，通过听、读、背、写等方式，强化记忆，从而记住所学知识和技能的一种培训方式。

2 适用范围

适用于职工对各种规章、制度和生产流程、作业规范等内容的学习培训以及参加竞赛前的理论培训和需要记忆的职工培训。

3 主要特点

（1）有利于强化记忆岗位标准需要重点掌握的知识和技能要领。

(2)有利于将记忆中的职业知识和技能应用于实际工作。

(3)有助于参加各类考试、考核、提问取得良好成绩。

4 实施要点

(1)对要强记的学习内容必须强记要点和提示。

(2)通过不定期考试、考核、提问等形式,检查强记效果。

5 注意事项

(1)强记内容要坚持少而精的原则,就是对少数重要而又关键性的学习内容要强记。

(2)要做好强记的必要辅导,帮助职工,特别是文化素质低、年龄偏大的职工掌握强记技巧。

(3)要在理解的基础上记忆,切忌只记答案、不学内容。

6 案例讲解

【案 例】

某客运段在培训职工参加职业技能竞赛封闭训练期间，针对《铁路客运规章》等规章平时说得多，但背起来容易丢字添字的问题，利用以下方式对选手进行强化训练。

先由教练讲解一条规章的重要部分，然后读一遍，询问选手是否理解；待选手理解后，再让写一遍，反复诵读；诵读熟练后，再要求选手逐个背诵，对背错的地方由教练和学员共同及时纠正。最初背诵的规章，一天复习一次，三天以后改为两天复习一次并开始背诵新的内容，一星期后把需要记忆的内容编成填空题进行考试，第二个星期把填空题的空格内容变化一下再进行考试。通过以上方法的强化记忆训练，一个月后，在综合模拟考试中，选手对《铁路客运规章》的掌握程度达到98%以上，有些选手至今对当时强记的内容还记忆犹新。

【点评】

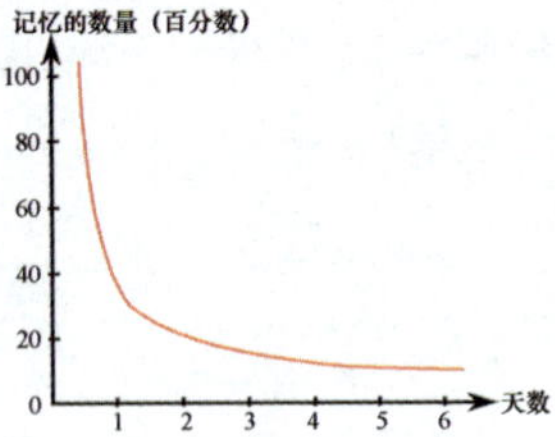

德国著名心理学家艾滨浩斯的“记忆遗忘曲线”告诉我们，人们对所学习内容的遗忘是有规律的，遗忘的进程不是均衡的，在记忆的最初阶段遗忘的速度很快，后来就逐渐减慢，到了相当长的时间以后，几乎就不再遗忘了。对于学习的内容，如果在5分钟后重复一遍，20分钟后再重复一遍，1小时后、12小时后、1天后、

5天后、14天后反复记忆，就会记得很牢。因此，学习要及时复习，而且要抓住规律，对知识理解得越好，记忆的效果就越好，遗忘的也就越慢。参加职业技能竞赛，赛的一个是“背功”，一个是“做功”。为了练习“背功”，培训教师采取强记式培训不失为一个好的选择。通过强记，打牢理论功底，不仅有助于参赛时取得好成绩，也有利于今后将规范化的知识和技能应用到实际工作中去。

二十一、点式培训

1 概　念

将一个培训项目化整为零，结合当天工作内容和工作要求，通过班前教育、班后总结等方式，循序渐进，积点成面，质量良好地完成培训项目和当天的工作任务，提高职工素质的培训方式。

2 适用范围

适用于生产工作繁忙，利用工余时间学习职业技能知识，提高职工素质的培训。

3 主要特点

（1）实效性强。针对生产中存在的问题开展一事一学，一题一训，有利于快速地将技能素质转化成确保安全、确保生产的能力。

(2)有利于养成日积月累，经常学习的习惯。

4 实施要点

(1)将学习项目进行分解。对于当天生产中要注意的事项和日常生产中反映出来的职工素质缺陷，及时纳入点式培训计划。

(2)将每日学习一点纳入班组学习计划，从制度上得到落实。

(3)要定期(最好以月为单位)检查学习效果，发现问题，及时制定整改措施。

5 注意事项

(1)培训项目不宜过大、过难，一个项目化整为零的培训周期不宜过长。

（2）对生产中反映出来的问题，要突出重点，把握关键点。

（3）点式培训的核心是对每一个培训项目关键点的学习，切忌泛泛学习，更要防止形式化的学习。

6 案例讲解

【案例】

某供电段一网工区为解决以往“检修绝缘锚段关节作业”不标准的问题，在班前预分工会上，就此项作业的技术标准与安全防护措施对当班职工进行了专项培训，重点强调了进行此项作业时要坚持的标准、流程和注意事项，通过提问，了解职工的掌握程度，并明确生产骨干的帮带、盯

控责任，确保了当天作业的每一个环节都按标准实施。

【点评】

点式培训就是将一个培训项目化整为零，循序渐进，或针对当天作业项目中的关键点进行的提醒性培训。这个网工区紧密结合“检修绝缘锚段关节作业”项目，从技术标准和作业程序、安全关键点及卡控措施实施培训，针对性强，并按流程化排列，职工易学易掌握，并能及时应用于实际工作中。培训资源投入少，却能收到短平快和“立竿见影”的学习效果。

二十二、激励式培训

1 概　念

通过表扬、奖励，激励职工学习，主动提高职业素质的培训方式。

2 适用范围

适用于各类职工教育培训和职业技能竞赛。

3 主要特点

通过激励手段和方法的实施，充分调动职工主动学习和争先创优的积极性。

4 实施要点

(1)激励政策或手段在培训前公布于众，让职工明确通过努力能够实现的目标、收获的成果，调动学习积极性。

（2）根据培训需求制定严谨的学习培训计划并精心组织实施。

（3）对涉及教育培训的各种因素都要充分考虑，做好必要的准备，如领导者的重视，组织者的协调，后勤管理部门的服务，以及教学用具、教案、试题等。

（4）达到教育培训目标，要及时兑现承诺，让取得荣誉的职工学有所得，也让其他职工受到鼓舞，看到希望。

5 注意事项

（1）使用激励政策和手段的目的在于促进学习。

（2）坚持精神激励为主，物质激励为辅。

(3)激励政策和手段与教育培训项目的繁杂、难易程度相适应。

(4)激励政策和手段的应用做到一视同仁。

(5)激励政策和手段既要考虑选手,也要考虑教练、领导者、组织者、后勤服务者的贡献。

6 案例讲解

【案 例】

某铁路局为了备战2011年全路职业技能大赛,吸取上一年职业技能大赛成绩不理想的教训,管理部门从制定激励政策入手,在明确取得成绩对参赛选手重奖的同时,对业务部门、领队、教练也制定了奖励标准,同时,明确了与职业技能竞赛直接相关者的义务和责任。政策一经公布,不仅选手受到鼓舞,各相关者在感受到责任的同时，也体会到政策的激励作用，业务部门把赛前的各项准备纳入处领导的工作日程和处工作计划，做到了领导亲自上手，亲自督促，与日常生产工作同步推进。由于准备充分，过程控制严格，政策激励到位，参赛选手积极努力，取得了该局参加全路职业技能大赛的最好成绩。赛后，该铁路局按规定及时兑现了对选手和相关人员的奖励政策。

【点 评】

工作成果受到他人或上级肯定永远是大多数人更加努力做好工作，争取更大成绩的动力。用激励政策和手段也永远是鼓励和调动职工主动学习、争先创优的主要形式。这些年，各单位在培养高技能人才，学习“四新”知识，开展资格性培训、职业技能竞赛等教育培训的具体实践中，全面落实培训考核、使用待遇一体化机制，综合运用精神的、物质的激励政策和手段，不断调高激励标准，加大激励力度，扩大激励范围，起到了其他培训方式难以起到的作用。该铁路局运用“激励政策+备战充分=优异成绩”的案例充分说明了激励政策的重要性。希望更多单位能从这个案例中受到启发，通过激励，促进教育培训制度的落实，促进高技能人才的培养，促进教育培训质量的提高。只有激励更多的职工热爱学习，才有可能把不爱学习的职工减少到最低程度。

二十三、约束式培训

1 概　念

根据生产需求、岗位标准和职工素质实际,帮助不达标职工通过培训限期达标的培训方式。

2 适用范围

适用于职业素质较低,未取得岗位职业资格证书,参加各类考试成绩不合格职工的培训。

3 主要特点

(1)准入和培养目标明确。

(2)刚性约束,不达标不准上岗。

(3)通过倒逼机制的建立,督促职工主动学习,实现职业素质达标。

4 实施要点

(1)对个别职业素质不达标的职工要纳入约束性培训计划。

(2)在督促、引导自学的基础上，指派经验丰富、专业技能强、善于做思想政治工作的职工担任培训教师，辅导不达标职工学习。

(3)在通过培训教师辅导学习、不达标职工自觉学习的基础上，及时组织参加职业技能鉴定部门的鉴定和资格性、适应性考试的复考。

(4)对通过辅导、自学取得职业资格证书和考试成绩合格的职工，在必要时选择师傅，做到“扶上马送一程”，以巩固学习成果。

5 注意事项

(1)要严格执行《国家职业标准》和《铁路职业技能培训规范》。对应取得而未取得职业资格证书和参加培训考试不合格的人员列入培训计划。

(2)对有学习愿望,但学习能力较弱的职工,要挑选较为丰富教学经验的教师做好辅导工作,同时帮助这些职工树立信心、克服困难,争取早日达标,上岗作业。

(3)要针对会干不会写、会做不会考的职工,改进鉴定和考试方法,使鉴定、考试结果能够客观、准确地反映这部分职工的真实职业素质水平。

6 案例讲解

【案例】

某单位前些年在组织一年一度的主要工种岗位资格性培训考试方面有模糊的认识,在培训计划、考务组织的安排上都有弹性，比较松散，考试结果也与岗位使用脱节。结果力没少出，效果不理想，还浪费教育资源，多次受到上级单位的批评。2009年，这个单位发生了一起事故。痛定思痛，段领导决定从基础抓起，从职工素质抓起，把落实培训考核、使用待遇一体化机制作为提高职工素质的重要抓手，把资格性培训考试作为重要载体。为此，对培训组织、考试结果认定与使用作出了严格规定。当年考试，有15名职工没有达到准入岗位的标准线，全部下岗，其中还有热门岗位的职工，在全段引起了强烈反响。由于是第一年实行，段又制定了达标缓冲期，规定3个月再组织不达标的职工考试，对考试不及格人员另行安排岗位。这个约束性规定既严肃又合情合理。这 15 名职工积极改变学习态度，主动找资料、主动找师傅，主动学习，3 个月后参加复试全部达标。

【点评】

约束式培训看似无情实则有情，是从另一个方面对职工的关心和爱护，也是确保安全生产的手段之一。让素质不达标的职工进入生产过程就是安全生产的风险、隐患，得不到有效控制，就有可能发展成事故。约束式培训的底线就是达标准入，这个理念也应当应用到各类培训中。通过制定并执行明确的约束条件，是对被动学习的一次推动，也是对教育培训工作的改进和加强。

二十四、留题式培训

1 概 念

针对规章类知识、程序类规定和常见故障处理的规定，把培训内容设计成题目，安排职工利用工余时间自学，期间培训教师做好针对性辅导的培训方式。

2 适用范围

适用于班组职工的培训。

3 主要特点

（1）预先留题，反复提问，强化职工的记忆。

（2）方法简单，针对性强，能巩固和强化培训效果。

4 实施要点

(1)制订培训计划,结合培训内容提炼出针对性的问题。

(2)将梳理出的问题提前或在集中培训后提供给职工自学。

(3)通过提问或考试的方式对学习的效果进行评定,根据评定结果,确定下一步培训内容和培训方式。

5 注意事项

(1)培训教师要适当提炼留题的内容,方便职工学习记忆。

(2)做到和培训计划或与培训项目的实施同步进行。

6 案例讲解

【案 例】

某客运段在对乘务班组的培训中,充分利用职工出乘到派班室集体

报到时间，运用“留题式”培训方法，有针对性地开展强化培训。具体培训方法如下：

在派班室设立一个百题箱，内装试题卡，题箱和试题卡由派班员负责保管。百题箱中的试题卡每月更新一次。由段职教科负责，根据每月初向车队下达的月度学习计划，将学习重点内容归纳成需简答的问题，写入试题卡，放入百题箱中，并将更新的内容在办公网上及时公布。在乘务员出乘报到时，派班员从百题箱中抽取试题卡对乘务员进行提问，每班每次提问不少于5人，每人一题。派班员将被提问人的姓名、班组、成绩等内容如实填入《派班室留题试问记录》中，反馈职教科，对不及格人员按照段制定的管理办法在“点、线、面”项目中进行考核，并要求职工对该问题的标准答案继续学习。班组退乘时，由职教科负责对派班员提问时成绩不合格的人员进行原题复问，以检验学习效果。

【点评】

班后留题、班前提问是督促职工利用工余时间学习业务的一种方式，一般要求内容简单，时效性强，服务于班中生产的需要。培训单位或培训教师要做好考题的设计工作，既不可过于复杂，加重职工的负担，影响生产；又不可过于简单，使留题试问流于形式。

二十五、提问式培训

1 概 念

在培训过程中根据讲授的内容适时、针对性地提出问题，引起培训对象的兴趣，通过一问一答形式，适时提醒、补充、引导，帮助职工掌握学习要点的培训方式。

2 适用范围

适用于班组职工的培训。

3 主要特点

(1)引起职工的学习兴趣，活跃学习气氛。

(2)提问一般安排在讲授知识要点的节点上，通过提问，引起职工对学习要点的重视。

(3)引导职工主动思考,由被动学转变到主动思考,主动学习上来。

4 实施要点

(1)培训教师在编写讲课教材、讲义时,应在知识要点处,设计提问内容。

(2)视教学的进展情况,安排提问。

5 注意事项

(1)营造轻松、和谐的氛围,让职工时刻处于一种轻松自如的情绪中,防止提问变成责问。

(2)提问式培训技术性较强,需要培训教师事前有充分的设计,问题设计的目的要明确,要与讲述的主题相关。问题设计要简练、清晰,易于让回答者理解。

(3)提问要融知识性、趣味性、启

发性于一体。

6 案例讲解

【案例】

某车务段一车站进行调车作业，连结员盲目图快，未能及时显示十、五、三车距离信号，导致连挂时撞上停留车，机后第四、第五位及停留车第一位破损，构成铁路交通事故。针对此案例，培训教师在培训时设计下列问题引导职工回答。

问：这起事故是什么性质的事故？

答：是一般D1类调车冲突事故。

问：构成铁路交通一般D1类事故的依据是什么？

答：根据《铁路交通事故调查处

理规则》的有关规定，在调车作业中，由于人为失职或设备不良等原因，将车辆挤坏或拉坏即构成冲突事故。此事故造成机后第四、第五位及停留车第一位破损，为一般 D1 类调车冲突事故。

问：造成此次事故的主要原因是什么？

答：连结员违反《技规》第 228 条和《调标》的规定：违章蛮干，盲目图快，观距不当，没有正确及时的显示十、五、三车距离信号；调车长违反《调标》的规定，在调车作业前没有进行充分的安全预想，未派人显示停留车位置信号。

问：事故作业人员在作业中还存在哪些问题？

答：连结员思想麻痹大意，作业

过程中注意力不集中；调车长在调车作业过程中未能正确掌握调车速度，安全意识淡薄。

问：车务段在管理上存在哪些漏洞？

答：车务段对值班干部监控“穿越正线调车作业制度”落实情况监督检查不力，使安全卡控流于形式。

培训教师在肯定职工回答问题基本正确的同时，又对造成事故的原因做了进一步分析，对调车作业有关规章再次组织了学习和讲解。

【点评】

提问式教学之所以被广泛应用于各种教学活动实践，就在于它能引起师生互动，引起职工的学习兴趣和对所学知识点的重视。培训教师组织职工学习已发生的事故案例，一改念念通报呆板的学习方法，通过一问一答，不仅让职工详细了解了事故发生的时间、地点、过程和责任人，关键是帮助职工查找了造成事故的原因，联系实际学习了有关规章对D1类事故的规定。对于职工加深对规章的了解，特别是教育职工引以为鉴，防止自己再发生类似事故起到了很好的预防警示作用，达到了教育培训的目的。

学习记录 *time* *date*

记要：

学习
记录 *time* *date*

记要：

学习
记录 time date

记要：

学习
记录 *time* *date*

记要：

学习记录

time *date*

记要：

学习
记录 time date

记要：

学习
记录 *time* *date*

记要：

ISBN 978-7-113-14425-8